◆

식사 대신 즐기는
한 끼 주스

일러두기

1 이 책에 나온 모든 레시피는 2인분 기준입니다.

2 모든 재료는 껍질째 이용하는 것이 좋으나 식감을 해칠 수 있어 레시피에는 껍질을 벗기고
  이용하도록 나와 있습니다. 자연식에 익숙하다면 껍질을 벗기지 말고 그대로 사용하세요.

3 재료가 많이 들어간 주스가 너무 무겁고 걸쭉하게 느껴진다면 체에 걸러 맑게 내리세요.

4 두유는 우유로, 아가베시럽은 꿀이나 메이플시럽으로, 올리브유는 카놀라유나 포도씨유로 대체해도 됩니다.

Juice & Smoothie

식사 대신 즐기는
한 끼 주스

전수미 지음

RHK
알에이치코리아

상쾌한 아침,
든든하고
건강하게 시작하세요

어두운 밤이 지나가고 어제의 묵직했던
공기가 맑아지는 바로 그 순간, 직감적으
로 새로운 날이 시작되었다는 것을 알게
됩니다. 아침을 가장 먼저 알아챈 몸은 자
연의 에너지를 받아들일 준비를 합니다.
이 에너지가 바로 하루의 근간이 되고 활
동이 가능하게 하는 원동력이 되지요. 아
침 식사는 그래서 더욱 중요합니다.

아침 식사가 중요하다는 건 누구나 다 아는 사실인데도 많은 이들이 아침을 거르고 집을 나섭니다. 시간에 쫓겨 허둥지둥 대문을 나서 근처 카페에서 커피 한 잔사 들고 바쁜 걸음을 재촉합니다. 그게 더 편하고 멋지다고 생각할지도 모릅니다. 하지만 열 시간의 공복을 거쳐 쓰디쓴 커피를 받아낼 위장은 어떨까요? 빈속에 진한 카페인이 들어가면 위벽을 자극해 속이 쓰리게 됩니다. 커피에는 비타민과 미네랄이 없어 밤새 부족해졌던 영양소를 채워주지도 못하지요.

일도, 사랑도, 음식도, 시작이 중요합니다. 빈속을 커피로 쓰리게 채우기보다는 일주일에 하루라도 싱싱하고 건강한 식단으로 시작하세요. 일어나서 먼저 깨끗한 물 한 잔을 마시면서 몸을 깨우고 미리 준비해둔 과일과 채소를 후루룩 갈아드세요. 시간이 조금 있다면 손쉽게 만들 수 있는 수프와 간단한 음식을 준비하는 것도 좋겠지요.

'한 끼 주스'는 아침맞이 음식으로 제격입니다. 생채소와 과일을 갈거나 부드럽게 조리하면 소화가 훨씬 편해집니다. 주스를 만들 만큼의 과일을 따로 챙겨 먹는 것은 어렵지요. 하지만 후루룩 갈아 딱 한 잔만 마시면 하루에 필요한 비타민과 미네랄을 충분히 챙길 수 있습니다. 속이 든든한 것은 기본이고 건강에 좋은 영양소를 그대로 섭취할 수 있을 겁니다.

주스 레시피를 적으며 많은 고민을 했습니다. 백설탕과 우유가 안 들어가는 건강한 주스를 '맛있게' 만드는 일이 쉽지만은 않았습니다. 백설탕 대신 천연 과당으로, 우유 대신 두유로 고쳐가며 일일이 맛을 보고 재료의 상성을 따지며 꼼꼼하게 레시피를 만들었습니다. 달고 자극적인 맛에 길들여졌다면 이 레시피가 조금 심심하게 느껴질지도 모릅니다. 하지만 한 잔만 마셔보세요. 곧 재료의 깊고 풍부한 맛에 흠뻑 빠지게 될 거예요.

하루에 한 번, 상큼한 주스와 함께하세요. 가뿐한 한 잔으로 건강도 지키고 가볍고 탄탄한 몸을 유지할 수 있을 겁니다.

자연식카페 쿡앤북에서 전수미

c o n t e n t s

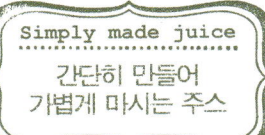

Pleasure of fresh food

싱싱한 재료가 주는 기쁨

Simply made juice

간단히 만들어 가볍게 마시는 주스

아침에 즐기는 신선한 주스

Part 1

싱싱한 재료가 주는
기쁨

자연을 담은 주스

자연식 주스는 한 잔으로 완벽한 자연식이고, 작지만 한 끼 식사의 영양과 에너지가 모두 담겨 있는 음식이다. 자연 상태 그대로를 통째로 먹을 수 있는 좋은 방법이기도 해서 홀푸드whole foods라는 개념에도 충실한 음식이다.

자연식 주스는 싱싱한 재료를 바로 갈아 만든 생식 음료이자 디톡스 음식으로, 가열 조리로는 얻을 수 없는 신선한 비타민과 미네랄을 한 컵에 담아 마실 수 있다. 칼로리는 낮고 포만감은 높아서 아침대용식으로 좋고 다이어트와 건강에도 도움을 준다.

주스가 좋은 이유는 바로 제 모습 그대로 꾸미지 않은 소박함 때문이기도 하다. 눈에 화려하거나 입에 자극적이지 않고, 특별한 장식이나 화려한 기술을 요하지도 않으면서 누구든 만족스럽고 행복하게 만들 수 있다.

가까운 책장에 항상 손 닿으면 읽을 수 있게 놓아둔 책, 『헬렌 니어링의 소박한 밥상』에는 이런 글귀가 나온다.

> 음식은 소박할수록 좋다고 생각한다. 또 날것일수록 좋고, 섞지 않을수록 좋다. 이런 식으로 먹으면 준비가 간단해지고 조리가 간단해지며 소화가 쉬우면서 영양가는 더 높고 건강에 더 좋고 돈도 많이 절약된다. 음식 준비에 최소한의 힘을 들이는 게 내 목표다. 먹을 만하고 영양가 있는 음식을 충분히 만들어서 소박하게 식탁에 차리고, 찾아온 사람들에게 "수프가 준비됐으니 와서 드세요."라고 말하고 싶다. 손님들이 맛있게 먹으면 좋다.

바로 이런 음식이 자연식 주스다. 내가 만드는 모든 것은 늘 이런 맘으로 만들고 싶다. 소박하지만 건강한 마음을 온전히 담아 대접하고 즐겁게 먹을 수 있는 음식. 한 잔에 담을 수 있는 행복이다.

쉽게 다가가는 자연식

가끔은 나도 내가 생각하고 만드는 것들이 자연식이 맞는 걸까 고민을 한다. 도대체 어디까지를 유기농이라고 할 수 있는 걸까? 요즘 마트나 백화점에 가득한 유기농은 진짜 유기농일까? 자연 상태의 식재료를 뿌리부터 껍질, 씨까지 아무 것도 버리지 않고 사용해 재료 고유의 맛을 온전히 느끼는 홀푸드whole foods 음식을 만들어 먹으려고 노력하지만 도시화된 유통 속에서 진정한 홀푸드를 접할 수 있을지 의구심을 갖게 된다. 좀 더 건강한 음식과 식재료를 챙겨 먹으려 노력하는 사람들이 고민하는 부분이다. 한 번쯤은 이 모든 것들의 정의를 되새겨볼 필요가 있다.

자연식은 건강하게 자란 채소와 과일은 최대한 많이, 육식은 가능한 절제하되 꼭 먹어야 할 때는 건강하게 키운 소나 돼지, 닭, 우유, 달걀 등을 최소한으로 먹는 것이다. 동물성 재료를 가능한 쓰지 않고, 최대한 유기농 재료를 찾아 사용하며, 필요에 따라 우유, 크림치즈, 치즈, 혹은 달걀을 사용할 수도 있다. 그래서 자연식이 채식일 수는 있지만, 굳이 채식일 필요는 없다.

주스는 가장 쉽고 가깝게 접할 수 있는 자연식이다. 조리법이 복잡하거나 시간이 오래 걸리지도 않을뿐더러 진하고 풍부한 여러 맛이 나며 단순하지만 신선하고, 에너지가 느껴지는 음식이다.

겁내지 말고 채소, 과일에 덤비기

자연식 요리 클래스를 진행하면 의외로 음식에 대한 편견이나 재료의 맛과 질감에 대한 편견을 가진 사람들이 많다. 두부나 마, 연근 등 여러 가지 채소를 많이 사용하는 나와는 달리, 대부분의 사람들은 자주 접하지 않는 재료들이다 보니 생소할 뿐이다. 두부의 콩 비린내, 마의 끈적끈적한 느낌, 연근을 반찬으로만 먹어봤던 기억이나 편견 때문에 음료나 수프에 사용될 때 갖는 거부감 또한 적지 않다. 하지만 편견은 깨어버릴 때 의미가 있는 법.

어릴 때 난 당근을 싫어했다. 당근의 그 비릿한 향. 그래서 당근은 나이가 훌쩍 들어 대학생이 되었을 때도 먹어볼 시도조차 하지 않았던, 거창하게 말하면 내 인생의 절대 시도하지 않을 목록 중 하나였다. 보라색은 음식이 될 수 없다며 보라색 가지를 싫어했던 친구처럼.

당근에 대한 편견을 깬 건 미국의 어느 작은 마트에서였다. 만화 속 토끼가 들고 다니며 먹는 작고 길쭉하고 예쁜 당근을 타르타르소스에 푹 찍어 불쑥 권했던 덩치 크고 귀엽게 생기신 하얀 머리 미국 할머니. 거절도 못 하고 찡그린 채 한입 베어 물고는 '아, 신선한 당근! 이런 맛이구나. 참 맛있다……' 했던 바로 그 순간부터, 싫어하는 목록 중 베스트였던 당근은 순식간에 나한테 예쁘고 맛있는 주황색 채소가 되었다.

겁내지 말고 먹어보면, 어쩌면 새로운 맛을 아는 기쁨을 얻을 수 있을지도 모른다. 무가 들어간 주스, 연근이 들어간 주스 모두 생소할 수 있지만 맛있고 게다가 건강하기까지 한 음식이다.

건강한 과일과 채소 골라 보관하기

주스에는 채소와 과일을 많이 사용한다. 특히 주스는 익히지 않은 싱싱한 재료를 쓰기 때문에 신경 써서 골라야 한다. 싱싱한가와 제철인가, 이 두 가지가 가장 중요하다.

과일

사과 | 꼭지가 싱싱한 것을 고르는 게 요령. 과육이 단단하고 전체적으로 색이 고르게 난 것이 좋다. 물에 5분 정도 담갔다가 흐르는 물에 다시 한 번 씻고, 왁스가 발라진 경우에는 소주를 스펀지에 묻혀서 닦은 후에 물에 씻으면 왁스가 잘 제거된다.

오렌지, 레몬 | 오렌지를 고를 때는 과육이 단단하고 껍질이 얇으며 보통 크기의 것을 고르는 게 좋다. 수입 오렌지나 레몬의 표면에는 왁스를 바르기 때문에 껍질까지 사용할 때는 표면의 왁스를 잘 제거해야 한다. 굵은 소금으로 박박 닦은 후에 흐르는 물에 씻으면 좋다. 왁스가 속살까지 침투하지는 않기 때문에 껍질을 벗겨내고 속살만 먹을 경우에는 안심해도 된다.

바나나 | 냉장으로 보관하면 저온현상을 일으키는 열대과일이니 실온에 보관한다. 껍질이 바닥에 닿는 부분부터 변하기 때문에 바나나를 걸어두는 홀더가 따로 있을 정도다. 껍질에 검은 반점이 보일 때쯤이 가장 달고 맛있다. 덜 익은 바나나를 먹으면 변비를 일으키기도 한다.

포도 | 알이 단단하고 묵직하게 붙어 있는 게 좋다. 알이 붙어 있는 줄기가 싱싱한지도 확인한다. 흐르는 물에 씻는 것만으로는 소독약이나 벌레를 제거하기 쉽지 않다. 베이킹소다나 밀가루를 살짝 뿌린 후에 흐르는 물에 흔들어 씻으면 대부분의 농약을 제거할 수 있다.

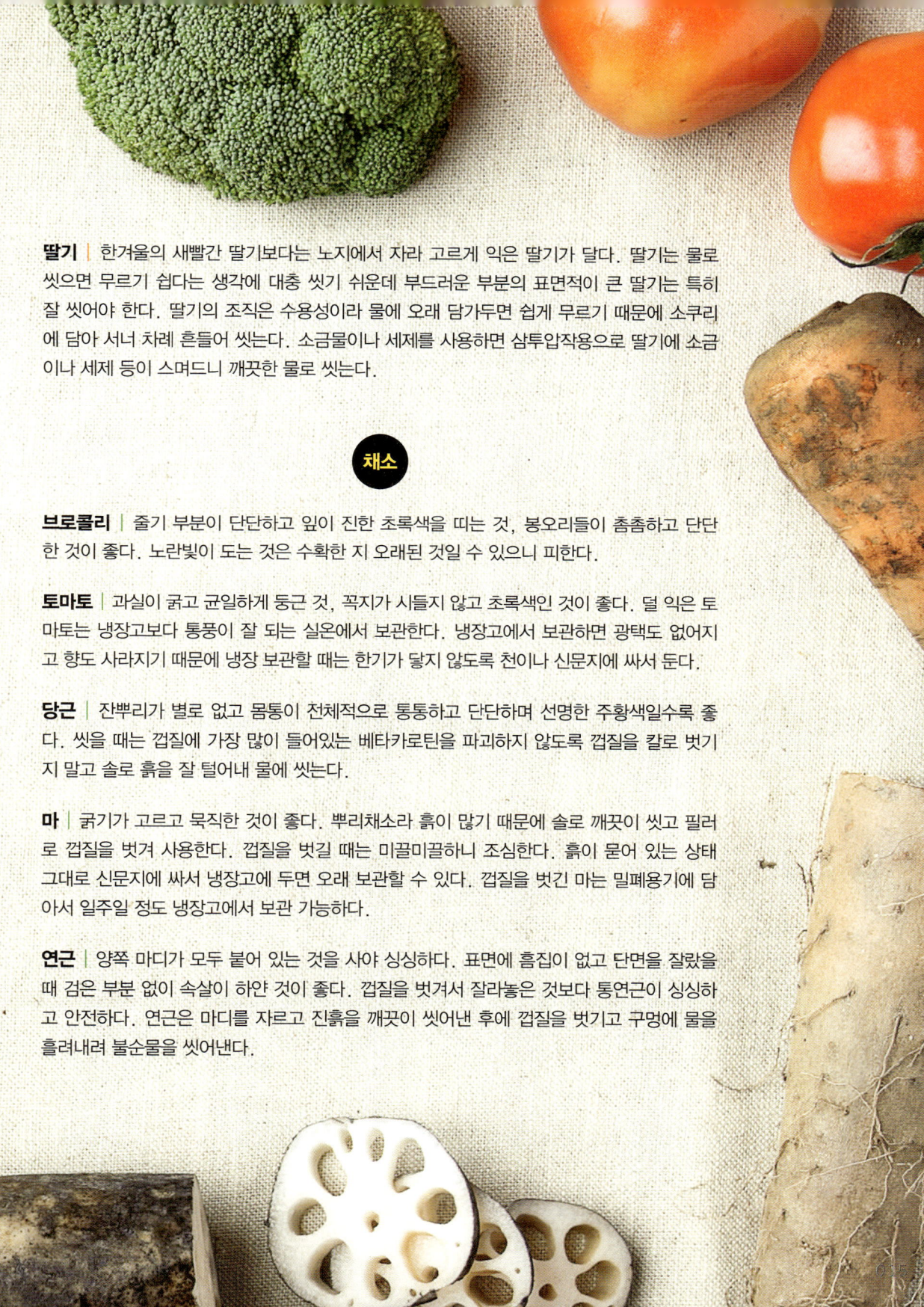

딸기 | 한겨울의 새빨간 딸기보다는 노지에서 자라 고르게 익은 딸기가 달다. 딸기는 물로 씻으면 무르기 쉽다는 생각에 대충 씻기 쉬운데 부드러운 부분의 표면적이 큰 딸기는 특히 잘 씻어야 한다. 딸기의 조직은 수용성이라 물에 오래 담가두면 쉽게 무르기 때문에 소쿠리에 담아 서너 차례 흔들어 씻는다. 소금물이나 세제를 사용하면 삼투압작용으로 딸기에 소금이나 세제 등이 스며드니 깨끗한 물로 씻는다.

채소

브로콜리 | 줄기 부분이 단단하고 잎이 진한 초록색을 띠는 것, 봉오리들이 촘촘하고 단단한 것이 좋다. 노란빛이 도는 것은 수확한 지 오래된 것일 수 있으니 피한다.

토마토 | 과실이 굵고 균일하게 둥근 것, 꼭지가 시들지 않고 초록색인 것이 좋다. 덜 익은 토마토는 냉장고보다 통풍이 잘 되는 실온에서 보관한다. 냉장고에서 보관하면 광택도 없어지고 향도 사라지기 때문에 냉장 보관할 때는 한기가 닿지 않도록 천이나 신문지에 싸서 둔다.

당근 | 잔뿌리가 별로 없고 몸통이 전체적으로 통통하고 단단하며 선명한 주황색일수록 좋다. 씻을 때는 껍질에 가장 많이 들어있는 베타카로틴을 파괴하지 않도록 껍질을 칼로 벗기지 말고 솔로 흙을 잘 털어내 물에 씻는다.

마 | 굵기가 고르고 묵직한 것이 좋다. 뿌리채소라 흙이 많기 때문에 솔로 깨끗이 씻고 필러로 껍질을 벗겨 사용한다. 껍질을 벗길 때는 미끌미끌하니 조심한다. 흙이 묻어 있는 상태 그대로 신문지에 싸서 냉장고에 두면 오래 보관할 수 있다. 껍질을 벗긴 마는 밀폐용기에 담아서 일주일 정도 냉장고에서 보관 가능하다.

연근 | 양쪽 마디가 모두 붙어 있는 것을 사야 싱싱하다. 표면에 흠집이 없고 단면을 잘랐을 때 검은 부분 없이 속살이 하얀 것이 좋다. 껍질을 벗겨서 잘라놓은 것보다 통연근이 싱싱하고 안전하다. 연근은 마디를 자르고 진흙을 깨끗이 씻어낸 후에 껍질을 벗기고 구멍에 물을 흘려내려 불순물을 씻어낸다.

기본 조리도구와 재료

믹서 | 주스를 곱게 갈 때 사용하는 가장 기본적인 도구.
주스를 만들 때 얼음이나 단단한 재료를 갈아야 하기 때문에
내구성이 좋고 강화유리로 된 제품을 사용하는 게 좋다.
1인용 미니 믹서나 마이크로 믹서는 보관하긴 좋으나 많은 재료
를 넣고 갈면 과부하가 걸리고 패밀리용 믹서는 잘 갈리지만 소음
이 크고 보관이 어려우니 가족 수와 용도에 맞추어 구입한다.

체(거름망) | 주서가 없더라도 믹서에 재료를 곱게 간 후에
고운체를 사용해서 거르면 주서에서 내린 것 같이 맑은 주
스를 만들 수 있다. 재료가 많이 들어가 묵직한 주스를 좀
더 가볍게 내고 싶을 때도 체를 이용한다.

핸드블렌더 | 핸드블렌더는 믹서처럼 단번에 갈리
지는 않으나 조리하는 중에 조리도구 위에서 바로
쓸 수 있어 편리하다.

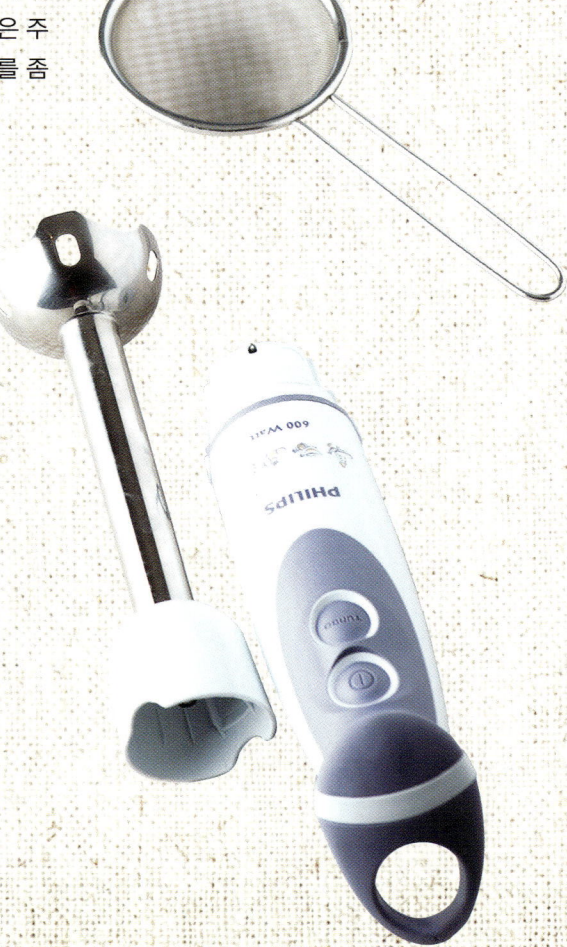

두유 요구르트 | 우유가 아닌 두유를 이용해 만드는 요구르트. 만드는 방법도 간단하고 직접 발효시켜 먹는 재미도 있다. (p.18 참조)

소금 | 요리에서 가장 중요한 것이 바로 소금. 좋은 소금을 쓰는 것은 건강한 음식을 만드는 첫 단추다. 미네랄이 함유된 소금인지, 가공 정제된 소금인지를 구분해야 한다. 가공 정제되어 미네랄이 없는 정제염은 건강에 해를 끼치는 원인이 된다. 천일염이나, 천일염을 고온에서 굽거나 볶은 소금은 미네랄이 포함된 좋은 소금이다.

아가베시럽 | 당도는 높지만 혈당 상승 지수가 낮고 미네랄이 풍부한 천연 당분이다. 멕시코 아가베 선인장에서 추출한 시럽으로 자극적이지 않고 찬물에도 쉽게 잘 녹기 때문에 주스를 만들 때 사용하기 좋다.

두유 | 이 책에서는 우유나 생크림을 사용하지 않는 대신 두유를 사용한다. 콩을 밭에서 나는 쇠고기라고 부르듯 두유는 식물성 단백질이 가득한 건강 음료이다. 식이섬유가 많아서 장 활동에 좋고 우유에 비해 철분이 많이 들어 있어서 빈혈을 예방하는 효과가 있다. 시판되는 두유의 종류가 다양한데 가능한 당분이 들어가지 않은 유기농 무첨가 두유를 사용하는 편이 좋다.

자주 나오는 기본 요구르트 · 토핑 만들기

두유 요구르트

1 두유에 케피어 종균을 넣고 잘 녹여서 젓는다.
2 뜨거운 물에 소독해서 물기를 모두 말린 멸균용기에 1을 나누어 담는다.
3 뚜껑을 덮은 후 실온에서 12~15시간 정도 두어 반고체 형태로 굳힌다.

발효시킬 때는 너무 뜨거운 곳은 피하고 따뜻한 곳에 둔다.

두유 ·································· 1ℓ
케피어 종균 ········· 1봉지(15g)
멸균 용기

크루통

곁들여 먹으면 맛도 좋고
속도 든든한 빵 조각. 식
빵이나 베이글, 바게트 등
을 자르거나 네모나게 썰
어 올리브유와 소금을 뿌
리고 오븐에 살짝 구워 만
든다.

말린 과일

제철 과일을 얇게 저며 직
사광선을 피해 펼쳐놓고
말린다. 말릴 장소가 마땅
치 않을 경우 130℃의 오
븐에서 1시간 정도 구워
수분을 빼고 바삭하게 만
든다.

Part 2

간단히 만들어
가볍게 마시는 주스

아침에 즐기는
신선한 주스

딸기민트주스

햇빛 살짝 들어오는 봄날 아침, 상쾌한 향 가득한 민트 화분에서 작은 잎 몇 장 따보세요. 봄의 기운 가득 담은 딸기와 같이 갈면 몸도 마음도 상쾌해지는 향과 맛을 느낄 수 있습니다.

딸기 ······················ 12~13개
민트 잎 ························· 3장
물 ···························· 1/2컵
아가베시럽 ················· 1큰술
레몬즙 ····················· 1작은술

recipe

1 민트 잎은 그릇에 물을 담아 넣고 흔들어서 깨끗이 씻는다.
2 딸기는 깨끗이 씻어 꼭지를 뗀다.
3 딸기, 민트 잎, 물, 레몬즙, 아가베시럽을 넣고
   믹서로 곱게 간다.

파프리카사과주스

색상도 산뜻한 노란색 파프리카는 비타민C가 과일보다 많은 채소 랍니다. 달고 시원한 파프리카와 사과를 가볍게 갈아 청량감을 준 아침 주스. 부드러운 노란색이 산뜻한 아침을 열어줍니다.

recipe

1 파프리카는 깨끗이 씻어 씨를 제거하고 큼직하게 자른다.
2 사과도 깨끗이 씻어 씨를 제거하고 큼직하게 자른다.
3 믹서에 파프리카, 사과, 물, 꿀, 얼음을 넣고 곱게 간다.

노란 파프리카 ·········· 1/2개
사과 ························· 1/2개
물 ···························· 1/2컵
꿀 ···························· 2큰술
얼음 ························· 3~4개

원래 거품이 풍성하게 올 라오는 주스지만 거품이 거추장스럽다면 체에 걸러 맑게 마셔도 좋다.

당근오렌지주스

당근을 먹지 않는 사람도 오렌지와 같이 갈아 마시면 거부감을 없앨 수 있습니다. 당근의 선명한 주황색은 눈의 피로를 풀어주는 베타카로틴을 함유하고 있어요. 노화 방지, 빈혈에도 좋은 베타카로틴은 껍질에 더 많이 들어 있으니 껍질째 먹는 것이 좋습니다.

recipe

1 당근은 깨끗이 씻어 껍질째 큼직하게 자른다.
2 오렌지는 껍질을 벗기고 결을 따라 갈라둔다.
3 믹서에 당근, 오렌지, 물, 꿀을 모두 넣고 곱게 간다.
4 그대로 마시거나 체에 걸러 맑은 주스로 마신다.

당근 ························· 2/3개
오렌지 ························ 2개
물 ··························· 1컵
꿀 ························ 1½큰술

올그린주스

풀빛이 예쁜 상큼한 주스입니다. 키위와 자몽으로 신선한 비타민을,
시금치로 풍부한 미네랄을 섭취할 수 있습니다. 시금치를 잘 먹지 않
는 아이도 키위, 자몽과 함께 갈아주면 곧잘 받아먹는답니다.

recipe

1 키위는 껍질을 벗겨 큼직하게 썬다.
2 시금치는 뿌리 부분은 자르고 깨끗이 씻은 후에 잎 부분만 준비한다.
3 자몽은 껍질을 벗기고 과육만 준비한다.
4 믹서에 키위, 시금치, 자몽, 물, 꿀, 얼음을 넣고 곱게 간다.

키위	1개
시금치	30g
자몽	1개
물	1/2컵
꿀	2작은술
얼음	4개

자몽의 하얀 속껍질은 씁
쓸한 맛이 강하기 때문에
벗겨내는 것이 좋다.

오렌지캐모마일주스

싱싱한 오렌지를 캐모마일 차와 함께 갈아 상쾌하고 가볍게 즐길 수 있는 주스입니다. 캐모마일은 숙면을 돕는데다 감기도 예방하고, 당뇨병이나 고지혈증에도 효과가 있어 자주 마시기에 좋은 차입니다.

오렌지 ·········· 1개
캐모마일 ·········· 3g
뜨거운 물 ·········· 1컵
꿀 ·········· 2작은술

recipe

1 뜨거운 물에 캐모마일 차를 넣고 우린다.
2 오렌지는 껍질을 벗기고 과육만 준비한다.
3 믹서에 식힌 캐모마일 차와 오렌지 과육, 꿀을 넣고 곱게 간다.

양배추자몽주스

자몽의 새콤한 맛에 양배추의 달콤한 맛이 더해져 달콤 상큼한 맛을 냅니다. 위가 약한 사람은 양배추로 매일 즙을 내어 마시면 위를 건강하게 지킬 수 있습니다. 양배추는 익힌 것보다는 생으로 먹는 게 좋으니 주스로 마시는 게 좋은 방법이랍니다.

recipe

1 양배추는 한 장 뜯어 깨끗이 씻은 후에 큼직하게 자른다.
2 자몽은 껍질을 벗기고 과육만 발라낸다.
3 믹서에 양배추, 자몽, 물, 아가베시럽, 얼음을 넣고 곱게 간다.

양배추 잎 ····················· 1장
자몽 ···························· 1개
물 ····························· 1/4컵
아가베시럽 ················· 1큰술
얼음 ························· 1~2개

오이사과주스

오이를 사과와 함께 갈면 오이 특유의 향이 완화된 상쾌한 주스
가 만들어집니다. 오이에는 사과만큼이나 많은 비타민C가 들어
있어서 피로 회복에도, 피부 미용에도 좋습니다. 오이는 수분이
95%를 차지하는 만큼 칼로리도 낮고 다이어트에도 효과적이랍
니다.

recipe

1 오이는 깨끗이 씻은 후에 큼직하게 자른다.
2 사과는 껍질째 깨끗이 씻어 씨를 빼고 큼직하게 자른다.
3 믹서에 오이, 사과, 물, 꿀, 얼음을 넣고 곱게 갈아 잔에 담는다.

오이	1/2개
사과	1/2개
물	1/2컵
꿀	2큰술
얼음	5개

tip

사과는 껍질이 얇은 주스
용이면 껍질째 그대로 사
용하고, 껍질이 거칠게 느
껴지면 벗겨서 쓴다.

토마토딸기주스

토마토와 딸기를 함께 주스로 만들면 어떨까 시도해봤더니 정말 맛있는 주스가 탄생했습니다. 아침에 한 잔 마시면 속도 든든하고 신선한 에너지를 가득 채우는 건강한 기분까지 들이킬 수 있습니다.

recipe

1 토마토는 깨끗이 씻은 후에 꼭지를 떼고 큼직하게 자른다.
2 딸기는 깨끗이 씻고 꼭지를 뗀다.
3 믹서에 토마토, 딸기, 꿀, 얼음을 넣고 곱게 간다.

토마토	1개
딸기	5~6개
꿀	1큰술
얼음	2~3개

사과무주스

익히지 않은 무의 알싸한 맛도 사과와 함께하면 색다르고 시원하
게 재탄생합니다. 무의 아린 맛은 폐에 좋은 천연 항암제인데다가
미백 기능이 있어서 피부 미용에도 좋습니다.

recipe

1 사과는 껍질째 깨끗이 씻은 후에 씨를 제거하고 큼직하게 썬다.
2 무도 깨끗이 씻어 큼직하게 썬다.
3 사과와 무, 물, 꿀, 얼음을 믹서에 넣고 곱게 간다.
4 잔에 3을 담고 얇게 썬 사과 한 조각을 올린다.

사과 ·························· 1/2개
무 ·················· 1cm 두께 1토막
물 ·························· 1/2컵
꿀 ·························· 2큰술
얼음 ·························· 6개

사과는 껍질이 얇은 주스용
이면 껍질째 그대로 사용하
고, 껍질이 거칠게 느껴지
면 벗겨서 쓴다.

든든한
아침 식사 대용 주스

딸기두유

간편하게 마실 수 있는 딸기두유. 두유를 잘 먹지 않는 아이들이나 두유를 처음 접하는 사람도 이 음료는 곧잘 먹지요. 딸기와 함께 만들면 색감도 예쁘고 달콤하게 마실 수 있어서 두유에 대한 거부감을 없앨 수 있습니다.

recipe

1 딸기는 깨끗이 씻어 꼭지를 뗀다.
2 믹서에 딸기와 두유를 넣고 곱게 간다.
3 아가베시럽으로 단맛을 조절한다.

딸기	5~6개
두유	2컵
아가베시럽	2작은술

블루베리두유요구르트

블루베리는 5월에서 8월이 제철이지만 요즘은 냉동 블루베리가 많아 1년 내내 먹을 수 있습니다. 그래도 이왕이면 제철에 난 것을 생으로 먹는 게 좋겠지요. 블루베리에는 미네랄, 비타민, 철분이 많이 함유되어서 여성과 아이들에게 특히 좋습니다. 보랏빛의 안토시아닌 성분은 항산화 효과도 있고, 예쁜 색이 기분도 살려주지요.

recipe

1 제철의 신선한 블루베리나 냉동 블루베리를 준비한다.
2 믹서에 블루베리, 두유, 두유 요구르트와 꿀, 얼음을 넣고 곱게 간다.
3 입맛에 맞게 꿀을 첨가한다.

블루베리	40g
두유	1컵
두유 요구르트	1/2컵
꿀	2작은술
얼음	2~3개

사과마셰이크

사과와 마는 아침을 시작하기에 참 좋은 주스입니다. 마의 끈적끈적한 성분은 위와 장을 보호하는 기능이 있기 때문에 빈속에 마시기에 좋습니다. 사랑하는 가족을 위해 사과와 마로 아침을 준비하는 건 어떨까요.

recipe

1 사과는 깨끗이 씻은 후에 씨를 제거하고 껍질을 벗겨 큼직하게 썬다.
2 마는 흙을 잘 털어내어 씻은 후에 껍질을 벗기고 큼직하게 썬다.
3 믹서에 사과, 마, 두유, 꿀, 얼음을 넣고 곱게 갈아 잔에 따른다.

사과	1/2개
마	40g
두유	1컵
꿀	2작은술
얼음	2~3개

배생강두유

배, 두유, 생강이 함께 어우러진 부드럽고 달콤한 주스입니다. 배는 소화를 돕고, 감기, 천식에도 좋지만 차가운 성질을 가진 과일이라서 따뜻한 기운의 생강을 약간 곁들이면 차가운 성질을 누그러뜨릴 수 있습니다. 생강의 향이 더해져 맛도 풍부해집니다.

recipe

1 배는 껍질을 벗겨서 큼직하게 썬다.
2 생강은 깨끗이 씻어 강판에 곱게 간다.
3 믹서에 배, 간 생강, 두유, 꿀, 얼음을 넣고 곱게 간다.

배	1개
생강	3g
두유	1/2컵
꿀	1큰술
얼음	4~5개

시금치바나나주스

바나나는 열량이 1개에 80kcal 정도밖에 되지 않습니다. 지방이 적은데다 포만감도 얻으면서 맛있게 먹을 수 있어 다이어트에 좋지요. 미네랄과 비타민이 풍부한 시금치와 함께 만들면 더 건강하게 마실 수 있습니다.

recipe

1 시금치는 뿌리 부분을 자르고 흙이 없도록 깨끗이 씻는다. 바나나는 껍질을 벗기고 큼직하게 썬다.
2 아몬드는 기름기 없는 마른 프라이팬에 고소한 향이 나도록 1~2분 정도 볶는다.
3 믹서에 시금치, 바나나, 볶은 아몬드, 두유, 꿀, 얼음을 넣고 곱게 갈아 담아낸다.

시금치	30g
바나나	1개
아몬드	5알
두유	1컵
꿀	1큰술
얼음	3개

아몬드는 볶아서 넣어야 견과류 특유의 비린내가 나지 않는다.

고구마연근주스

고구마의 탄수화물은 흡수력이 낮아서 포만감이 오래 가는 다이어트 식품이랍니다. 연근은 비타민C가 가득한 식이섬유 식물이라서 고구마와 함께 갈아 만들면 아침에 필요한 비타민도 채울 수 있고 소화도 잘된답니다.

recipe

1 고구마는 찜기에 쪄서 껍질은 벗겨내고 큼직하게 자른다.
2 연근은 흙을 깨끗이 털어내어 씻은 후에 끓는 물에 2분 정도 삶아서 건진다.
3 믹서에 고구마, 연근, 두유, 아가베시럽을 넣고 곱게 간다.

고구마	1개
연근	5cm 두께 1토막
두유	2컵
아가베시럽	2큰술

바나나흑임자주스

바나나에 고소하고 담백한 흑임자를 넣어 달콤한 맛에 고소한 향이 나는 주스입니다. 흑임자는 갈기 전에 바로 볶아서 쓰면 고소한 향이 열 배는 더하고, 훨씬 신선하게 느낄 수 있답니다.

recipe 🌿

1 흑임자는 기름기 없는 마른 프라이팬에 고소한 향이 나도록 볶는다.
2 바나나는 껍질을 벗겨 큼직하게 자른다.
3 믹서에 바나나, 볶은 흑임자, 두유, 얼음을 넣고 곱게 간다.

바나나 ·························· 2개
흑임자 ·························· 2큰술
두유 ···························· 2컵
얼음 ·························· 4~5개

단호박현미두유

단호박은 열량이 100g에 25kcal밖에 되지 않고 포만감도 있어서 다이어트에 좋은 식품입니다. 찐 단호박과 두유, 거기에 현미밥까지 함께 넣어 만든 주스는 마시는 아침밥이 된답니다.

recipe

1 단호박은 깨끗이 씻어 씨를 빼고 찐다.
2 찐 단호박을 길게 토막 내고 껍질을 발라낸다.
3 현미로 지은 밥을 준비한다. 먹고 남은 현미밥을 사용해도 좋다.
4 믹서에 단호박, 현미밥, 두유, 얼음을 넣고 곱게 갈아 담아내고 꿀을 첨가한다.

단호박	80g
현미밥	1큰술
두유	1½컵
꿀	2작은술
얼음	5개

토마토두유라씨

인도의 차가운 요구르트 음료 라씨. 과일 라씨에는 보통 망고나 바나나 같은 과일을 사용하기 때문에 토마토와는 왠지 안 어울릴 것 같지요. 하지만 토마토라씨를 마셔보면 신선하고 시원해서 깜짝 놀랄 거예요.

recipe

1 토마토는 깨끗이 씻어 꼭지를 떼고 큼직하게 자른다.
2 믹서에 토마토, 두유 요구르트, 두유, 아가베시럽을 넣고 곱게 간다.
3 기호에 맞게 아가베시럽을 더 넣어도 좋다.

토마토 ·················· 1/2개
두유 요구르트 ·············· 1컵
두유 ·················· 1/4컵
아가베시럽 ················ 1큰술

여름이 기다려지는
시원한 음료

블루베리소다

항산화 작용을 하고 시력도 보호하는 블루베리. 우리 몸의 수은, 납 등 중금속도 배출해주는 기특한 과일입니다. 새콤한 블루베리를 탄산수와 곱게 갈아서 마셔보세요. 그 어떤 청량음료보다 시원할 거예요.

recipe

1 블루베리와 탄산수 1컵, 꿀을 믹서에 넣고 곱게 간다.
2 1을 잔에 담고 나머지 탄산수와 얼음을 채워 넣는다.
3 기호에 맞게 꿀을 더 첨가해도 좋다.

블루베리	40g
탄산수	2컵
꿀	3큰술
얼음	8~9개

골드키위소다

엽산이 많아서 빈혈에도 좋은 노란색 골드키위는 그린키위보다 신맛은 적고 단맛은 많아서 더 편하게 즐길 수 있습니다. 화려한 금빛 소다로 만들면 아이들이 더 좋아합니다.

recipe

1 골드키위는 껍질을 벗기고 큼직하게 썬다.
2 골드키위와 탄산수 1컵, 아가베시럽을 믹서에 넣고 곱게 간다.
3 2를 잔에 부은 후에 나머지 탄산수를 채우고 얼음을 띄운다.

골드키위 ···················· 2개
탄산수 ····················· 2컵
아가베시럽 ················ 2큰술
얼음 ······················ 6~7개

청포도레몬소다

달콤한 향이 입안에 남는 청포도에 레몬즙을 살짝 넣어 새콤한 맛
도 함께 즐깁니다. 청포도에는 구연산과 엽산이 많이 들어 있어서
피로 회복에 좋습니다. 온몸이 지친 날 청포도레몬소다로 피로를
이겨내세요.

recipe

1 씨 없는 청포도는 깨끗이 씻고 껍질째 알알이 뜯어둔다.
2 레몬은 깨끗이 씻은 후 반을 갈라 레몬즙을 내고, 레몬 껍질의 노란 바깥
  부분만 저며 레몬 제스트를 준비한다.
3 청포도와 레몬즙, 레몬 제스트 1/8작은술, 탄산수 1컵을 믹서에 넣고 곱게
  간다.
4 3을 잔에 담고 나머지 탄산수와 얼음을 채운다.

재료	
씨 없는 청포도	200g
레몬	1/2개
탄산수	1½컵
꿀	1큰술
얼음	4~5개

생강소다

생강은 몸을 따뜻하게 하는 양의 기운을 담고 있습니다. 차가운 주
스를 많이 마시면 탈이 나는 사람도 따뜻한 기운의 생강으로 주스
를 만들면 몸에 잘 받는답니다.

recipe

1 생강은 흙을 잘 털어내고 깨끗하게 씻어 반은 껍질째 가늘게 채 썬다.
2 남은 생강 반은 강판에 곱게 갈고 체에 걸러 생강즙을 낸다.
3 볼에 채 썬 생강과 생강즙, 꿀, 유기농 황설탕을 담아 잘 섞은 후에 30분
   정도 냉장 보관한다.
4 3을 잔에 담고 얼음을 넣은 후에 탄산수를 채운다.

생강	70g
탄산수	2컵
꿀	3큰술
유기농 황설탕	1큰술
얼음	3~4개

꿀에 절인 생강은 냉장고
에서 1주일 숙성시켜 먹으
면 더 맛이 좋다.

핑크레몬에이드

레몬에이드의 새콤함에 체리를 더해서 맛도 색도 달콤한 핑크빛 주스입니다. 레몬은 구연산과 비타민C가 풍부해서 피로 회복에 좋은 과일이고 체리는 안토시아닌이 풍부해 콜레스테롤을 낮추는 효과가 있습니다.

recipe

1 레몬은 반을 갈라 즙을 낸다.
2 체리는 깨끗이 씻어 꼭지를 떼고 반으로 갈라 씨를 뺀다.
3 믹서에 레몬즙, 체리, 탄산수 1컵, 꿀, 얼음을 넣고 곱게 간다.
4 3을 잔에 담고 남은 탄산수를 채운다.

레몬	1개
체리	6개
탄산수	2컵
꿀	3큰술
얼음	5~6개

딸기요구르트스무디

봄의 여왕 딸기. 하우스 딸기와 노지 딸기를 합하면 10월부터 이듬해 5월까지 싱싱한 딸기를 먹을 수 있습니다. 가장 클래식한 딸기 스무디에 두유 요구르트를 더해 만든 부드럽고 달콤한 스무디입니다.

recipe

1 딸기는 잘 씻어서 꼭지를 뗀 후에 장식용을 남기고 나머지는 냉동실에 얼린다.
2 얼린 딸기와 두유, 두유 요구르트, 아가베시럽, 얼음을 믹서에 넣고 곱게 간다.
3 2를 잔에 담고 신선한 딸기로 장식한다.

딸기	10개
두유	1컵
두유 요구르트	1/2컵
아가베시럽	2~3큰술
얼음	8~9개

베리베리두부스무디

화려하고 예쁜 색감의 스무디입니다. 여러 가지의 베리를 함께 넣고 만들어서 맛도 화려하고 인기가 좋아요. 베리 종류인 네 가지 과일은 모두 항산화 효과가 강해서 면역력을 높이는 데 좋습니다.

recipe

1 과일은 모두 꼭지를 떼고 미리 냉동실에 넣어 얼린다.
2 두부는 끓는 물에 데친 후에 체에 밭쳐 물기를 뺀다.
3 얼린 과일은 장식용을 조금 남기고 모두 믹서에 넣어 두부, 물, 아가베시럽, 얼음과 함께 곱게 간다.
4 스무디를 컵에 담고 장식용 과일과 민트 잎으로 장식한다.

복분자 ···················· 20g
산딸기 ···················· 30g
딸기 ······················· 40g
블루베리 ················· 40g
두부 ······················ 1/8모
물 ···························· 1컵
아가베시럽 ········· 2~3큰술
얼음 ···················· 10~12개
민트 잎 ················· 조금

두부는 끓는 물에 데쳐서 사용하면 살균이 되니 생으로 먹을 땐 데친다. 내용물이 믹서에 잘 갈리지 않으면 여러 번에 나누어 간다.

파인애플코코넛스무디

이국적이고 색다른 맛을 원할 때 생각나는 달콤한 스무디입니다. 파인애플에는 브로멜라인이라는 단백질을 분해하는 효소가 있어서 소화도 잘되고, 식이섬유가 풍부해서 변비에도 좋습니다.

recipe

1 파인애플은 큼직하게 썰고 장식용으로 쓸 분량은 따로 빼둔다.
2 믹서에 파인애플, 코코넛밀크, 코코넛롱, 두유, 얼음을 넣고 곱게 간다.
3 2를 잔에 담고 장식용 파인애플을 올리고 아가베시럽을 넣는다. 기호에 따라 시럽을 더 넣어도 좋다.

파인애플	180g
코코넛밀크	1/4컵
코코넛롱	1작은술
두유	1/2컵
아가베시럽	1큰술
얼음	8~9개

tip
코코넛롱이란 코코넛 열매의 과육을 말린 다음 채 썬 것이다.

멜론생강스무디

멜론의 달콤한 맛에 생강의 알싸한 맛이 살짝 더해진 깔끔한 스무
디입니다. 멜론은 우리가 흔히 먹는 빙과류의 주된 메뉴지요. 자연
상태 그대로도 진한 달콤함을 갖고 있는 과일이라 주스 재료로 쓰
기 좋답니다.

recipe 🌿

1 멜론은 껍질을 벗겨 속살을 준비한다.
2 생강은 깨끗이 씻은 후에 강판에 미리 간다.
3 믹서에 멜론과 간 생강, 두유, 꿀, 얼음을 넣고 곱게 간다.

멜론	200g
생강	3g
두유	1/2컵
꿀	2작은술
얼음	10개

시트러스재스민스무디

비타민이 가득한 오렌지와 자몽에 재스민 차를 더한 상큼한 스무디입니다. 감미롭고 이국적인 향이 근사한 재스민 차는 오렌지, 자몽 같은 시트러스 과일과 잘 어울려서 부드러운 스무디가 됩니다.

recipe

1 재스민 차는 뜨거운 물에 우린 후에 차갑게 식힌다.
2 오렌지와 자몽은 껍질을 벗겨 과육만 발라내 큼직하게 자르고 냉동실에 넣어 얼린다.
3 믹서에 얼린 오렌지와 자몽, 재스민 차, 꿀, 얼음을 넣고 곱게 갈아 잔에 담는다.

오렌지	1/2개
자몽	1/4개
재스민 차	3g
뜨거운 물	1컵
꿀	2큰술
얼음	5개

아몬드밀크

아몬드를 맑은 우유처럼 갈아 마시는 특별한 주스입니다. 두유 대신 자연식 요리에 사용해도 좋습니다. 냉장고에 넣어두었다가 갈증 날 때 차갑게 마시면 시원한 기분이 오래오래 남는답니다.

recipe

1 아몬드는 잘게 다진다.
2 마른 프라이팬에 아몬드, 소금, 유기농 황설탕을 넣고 잘 저어가며 중불에서 2분 정도 볶는다.
3 2에 시나몬파우더와 물을 넣고 잘 섞는다.
4 그대로 하룻밤 정도 실온에 두었다가 핸드블렌더로 곱게 간다.
5 4를 고운 체에 거른 다음 병에 담아 냉장고에 두고 차갑게 마신다. 기호에 따라 시나몬스틱으로 저어 마셔도 좋다.

아몬드	1컵
소금	1/4작은술
유기농 황설탕	2큰술
물	3컵
시나몬스틱	2개
시나몬파우더	1/8작은술

블러디메리

토마토는 설탕을 더해 달콤하게 먹곤 하지요. 하지만 설탕은 토마토의 비타민B를 파괴하기 때문에 소금을 더하는 게 좋습니다. 소금이 들어간 주스는 달콤한 토마토주스와는 또 다른 매력이 있지요. 색이 무척 붉어서 '피의 여왕 메리'라는 별명이 붙었습니다.

recipe

1 토마토는 칼집을 낸 후에 끓는 물에 살짝 데쳐 껍질을 벗기고 꼭지를 뗀 다음 큼직하게 자른다.
2 오렌지는 껍질을 벗겨 결대로 갈라두고 빨간 파프리카와 셀러리는 큼직하게 자른다. 장식용으로 쓸 셀러리는 따로 남겨둔다.
3 믹서에 토마토, 오렌지, 빨간 파프리카, 셀러리, 소금, 핫소스, 레몬즙을 모두 넣고 곱게 간다.
4 3을 잔에 담고 장식용 셀러리를 올린다. 기호에 따라 소금이나 핫소스를 더 첨가해도 좋다.

토마토 ………………………… 2개
오렌지 ……………………… 1/2개
빨간 파프리카 ……………… 1/2개
셀러리 ……………… 15cm 1줄기
소금 ………………… 1/4작은술
핫소스 ………………… 2~3방울
레몬즙 ………………… 1작은술

피칸초콜릿오렌지스무디

다크초콜릿과 오렌지는 케이크에도, 쿠키에도, 음료에도 참 잘 어울리는 궁합입니다. 고소하게 구운 피칸을 더해서 이국적인 맛이 난답니다.

recipe

1 오렌지는 껍질을 벗기고 과육만 발라내 결대로 갈라둔다.
2 피칸은 마른 프라이팬에서 1~2분 정도 고소한 향이 날 때까지 볶는다.
3 작은 냄비에 두유와 다크초콜릿을 넣고 초콜릿이 녹을 때까지만 끓인 다음 식힌다.
4 믹서에 3의 초콜릿두유와 함께 오렌지, 코코아파우더 1작은술, 구운 피칸, 아가베시럽, 얼음을 넣고 곱게 간다. 장식용으로 쓸 피칸은 따로 남겨둔다.
5 스무디를 컵에 담고 장식용으로 남겨둔 구운 피칸과 코코아파우더로 장식한다.

오렌지	1½개
피칸	10개
다크초콜릿	10g
코코아파우더	2작은술
두유	1컵
아가베시럽	1큰술
얼음	8~9개

바나나피넛버터스무디

간식으로 어디서나 사랑받는 바나나와 피넛버터. 음료로는 색다른 조합이라고 할 수 있지만 달콤하면서도 고소한 맛이 어울려 생각을 뛰어넘는 근사한 스무디를 만날 수 있습니다.

recipe

1 바나나는 껍질을 벗기고 큼직하게 썬다.
2 믹서에 바나나, 피넛버터, 두유, 아가베시럽, 얼음을 넣고 곱게 간다.
3 컵에 붓고 시나몬파우더를 뿌린다.

바나나 ································· 2개
피넛버터 ···························· 2큰술
두유 ······························· 2/3컵
얼음 ······························· 8~9개
아가베시럽 ······················ 1작은술
시나몬파우더 ··············· 1/8작은술

산딸기카푸치노스무디

산딸기와 에스프레소, 다크초콜릿이 모인 걸 보면 화려한 크리스마스 장식이 떠오릅니다. 그만큼 맛도 화려하고 파티 기분이 나는 스무디랍니다. 초콜릿케이크 같은 스무디로 진한 기분을 만끽해보세요.

recipe

1 에스프레소를 준비해서 식힌다.
2 작은 냄비에 두유와 다크초콜릿을 넣고 초콜릿이 녹을 때까지만 끓인 다음 식힌다.
3 믹서에 2와 에스프레소, 산딸기, 아가베시럽, 얼음을 넣고 곱게 간 다음 컵에 담는다.

산딸기	10개
다크초콜릿	30g
에스프레소	40g
두유	2컵
아가베시럽	1큰술
얼음	10개

뮬드시트러스사이다

시트러스 과일과 향신료를 함께 넣어 졸인 매력적인 음료입니다.
파티나 모임 때 미리 만들어두었다가 내면 향긋한 향신료의 매력
에 다 같이 푹 빠질 수 있습니다.

recipe 🌿

1 오렌지와 자몽은 반을 갈라 즙을 낸다.
2 큰 냄비에 물을 넣고 오렌지와 자몽 즙을 섞는다.
3 2에 클로브, 스타애니스, 시나몬스틱, 유기농 황설탕을 넣고 끓인다.
4 팔팔 끓으면 불을 약한 불로 줄이고 2~3분 정도 더 끓인 다음 충분히
  식힌다.
5 어느 정도 식으면 병에 얇게 썬 장식용 오렌지나 자몽을 담고 냉장고에
  차갑게 둔다. 마실 때 잔에 반쯤 담은 후 탄산수를 채워서 마신다.

오렌지	1/2개
자몽	1/2개
클로브	4개
스타애니스	2개
시나몬스틱	1개
유기농 황설탕	1/4컵
물	3컵
탄산수	3컵
장식용 오렌지	1/4개
장식용 자몽	1/4개

TIP

뮬드는 주스와 와인에 향
신료와 설탕을 넣고 조린
음료다. 한 번 만들 때 넉
넉하게 만들어두었다가
낸다.

사과민트비니거

사과와 민트에 식초를 붓고 한 달 정도 숙성시키면 새콤달콤한 과일식초가 됩니다. 여기에 물이나 탄산수를 섞으면 간단하게 음료로 마실 수 있습니다. 한여름 갈증 해소에도 그만입니다.

recipe

1 사과는 깨끗이 씻은 후에 껍질째 가로 5mm 두께로 얇게 썬다.
2 끓는 물로 소독해둔 병에 사과와 유기농 황설탕, 현미식초, 민트 줄기를 담고 그늘진 곳에서 1개월 정도 보관한다.
3 2에 탄산수, 아가베시럽, 얼음을 넣고 잘 섞고 민트 잎을 올린다.

오렌지생강비니거

오렌지와 생강으로 만든 과일식초에 탄산수를 섞으면 오렌지의 색감과 생강의 향이 나는 음료를 마실 수 있습니다. 넉넉히 만들어두면 오래 저장해서 먹을 수 있어서 좋습니다.

recipe

1 오렌지는 깨끗이 씻은 후에 가로 5mm 두께로 얇게 썬다.
2 생강은 깨끗이 씻은 후에 얇게 썬다.
3 끓는 물로 소독해둔 병에 오렌지, 생강, 화이트와인식초, 꿀, 유기농 황설탕을 담고 그늘진 곳에서 1개월 정도 보관한다.
4 3에 탄산수, 꿀, 얼음을 넣고 잘 섞어 낸다.

식사 대신 즐기는
한 끼 주스

1판 1쇄 인쇄　2015년 7월 13일
1판 1쇄 발행　2015년 7월 21일

지은이　　　전수미

발행인　　　양원석
사업단장　　김경만
본부장　　　김재현
편집장　　　황혜정
책임편집　　한지윤, 차선화
사진　　　　선우형준　어시스트 배지은
스타일리스트　김지현　어시스트 박현희
해외저작권　황지현, 지소연
제작　　　　문태일, 김수진
영업 마케팅　정상희, 우지연, 김민수, 장현기, 이영인, 정미진, 송기현, 이선미

펴낸 곳　　　(주)알에이치코리아
　　　　　　주소　서울시 금천구 가산디지털2로 53, 20층(가산동 한라시그마밸리)
　　　　　　편집문의　02-6443-8860　　구입문의　02-6443-8838
　　　　　　홈페이지　www.rhk.co.kr
　　　　　　등록　2004년 1월 15일 제2-3726호

ISBN　978-89-255-5683-3　13590